2
n
55

DÉPOT LÉG...
Année 190

CONFÉRENCE

SUR LES

RELATIONS DE LA CHINE

AVEC L'EUROPE

Par M. Henri CORDIER

Professeur à l'École des Langues orientales — Vice-Président de la Société de Géographie de Paris

ROUEN

IMPRIMERIE E. CAGNIARD (LÉON GY, SUCCESSEUR)

Rues Jeanne-Darc, 88, et des Basnage, 5

—

1901

CONFÉRENCE

SUR LES

RELATIONS DE LA CHINE

AVEC L'EUROPE

Par M. Henri CORDIER

Professeur à l'École des Langues orientales — Vice-Président de la Société de Géographie de Paris

ROUEN

IMPRIMERIE E. CAGNIARD (Léon GY, successeur)

Rues Jeanne-Darc, 88, et des Basnage, 5

——

1901

Extrait du Bulletin de la Société normande de Géographie

(3e Cahier de 1901)

1155

M. Henri CORDIER

PROFESSEUR A L'ÉCOLE DES LANGUES ORIENTALES

VICE-PRÉSIDENT DE LA SOCIÉTÉ DE GÉOGRAPHIE DE PARIS

RELATIONS DE LA CHINE AVEC L'EUROPE

Conférence de M. Henri CORDIER

Professeur à l'École des Langues orientales — Vice-Président de la Société de Géographie de Paris

ALLOCUTION DU PRÉSIDENT

Mesdames, Messieurs,

> La Chine est un pays charmant
> Qui doit vous plaire assurément.

Tel était le commencement d'un refrain d'opérette qui, il y a quelque trente ans, était sur toutes les lèvres.

Je ne sais, si nos courageux compatriotes qui ont eu à subir les derniers événements de Chine, et si nos soldats qui luttent là-bas pour le progrès de la civilisation, trouvent la Chine un pays aussi charmant que le personnage d'opérette chargé de débiter ce couplet? J'en doute..... cependant, il nous a paru intéressant, étant données l'importance et l'actualité des événements qui viennent de s'y dérouler, de vous faire entendre une parole autorisée sur l'histoire des Relations du Céleste-Empire avec l'Europe.

Nous ne pouvions mieux nous adresser qu'à M. Henri Cordier, l'éminent professeur à l'École des Langues orientales, le distingué vice-président de la Société de Géographie de Paris.

Sa haute compétence le désignait avant tout autre à notre attention, et je suis persuadé que le savant sinologue qu'il est va nous offrir un précieux enseignement.

Je le prie de prendre la parole.

MESDAMES, MESSIEURS,

Le problème chinois qui préoccupe avec juste raison, non seulement l'Europe entière, mais encore les États-Unis et le Japon, n'a pas atteint son acuité actuelle sans avoir passé par des étapes successives qu'il est peut-être intéressant de rappeler devant vous, et sans remonter au déluge comme Maître Petit-Jean, je vous dirai que la Chine n'a été connue de l'Europe qu'à une époque relativement récente. Au Ier siècle avant notre ère, par l'Inde et la Perse, déjà des relations s'étaient créées entre l'Empire romain et la Chine. C'était à l'époque où Marc-Antoine se trouvait à Tarse, en Cilicie, qu'il noua des liens avec les souverains qui régnaient dans la vallée de l'Indus, et que des relations s'établirent entre l'Occident et l'Extrême-Orient. Les Chinois désignaient sous le nom de Ta-Tsin Kouo, la partie orientale de l'Empire romain. Les Seres figurent dans l'énumération, donnée par Florus à l'époque d'Auguste, des peuples qui venaient saluer l'empereur romain. De cet Extrême-Orient, les Romains ne connaissaient que les pays des Sinae et des Seres et la péninsule indo-chinoise, la Chersonèse d'Or, *Chrysé*.

Nous avons connaissance d'une ambassade romaine qui est allée en Chine en l'an 166 de notre ère, à l'époque d'un Antonin, Marc Aurèle.

Plus tard encore ces relations se continuèrent jusqu'à la chute de l'empire romain. Un autre peuple se substitua alors à la grande Rome ; ce furent les Arabes et les Persans qui remontèrent les côtes de Chine. Ces peuples connaissaient, au IXe siècle de notre ère, cette pointe avancée dans la mer qui forme la Corée, *Sin-la*. Puis arriva l'époque du moyen âge. Dès ce moment, la grande route d'Asie est sillonnée par des voyageurs de tous pays. Nous voyons sur cette route des Français, des Italiens et d'autres Européens. De nombreux missionnaires s'établirent dans le Fou-Kien et dans la capitale, et l'évêché de Péking fut créé en 1295. Cette époque lointaine nous est bien connue par les récits de Marco Polo, mais dès le XIVe siècle, la route de l'Extrême-Orient fut complètement barrée, soit par terre, soit par mer, par suite de la chute des Mongols de Chine et l'envahissement de l'Islam dans l'Asie centrale.

Il nous faut donc laisser passer une nouvelle période pour retrouver les relations avec la Chine. Celles-ci reprirent après la découverte de la route du Cap de Bonne-Espérance et la prise de Malacca par Albuquerque. Cette prise de Malacca eut un retentissement énorme. Les Portugais se répandirent dans la péninsule indo-chinoise et arrivèrent à Canton en 1514; ils allèrent jusqu'à Ning-Po et dans le Fou-Kien, où ils établirent des comptoirs qui furent détruits au milieu du xviᵉ siècle, à cause de la cruauté des Portugais envers les indigènes. Ce ne fut qu'en 1557 qu'un établissement permanent fut créé par les Portugais, à Macao, petite île qui se trouve dans l'estuaire de la rivière de Canton. Les Portugais n'occupèrent cette île qu'à titre extrêmement précaire et n'en furent que les locataires. Ils payaient une indemnité annuelle à la Chine d'environ 4 000 fr. (500 taels). Ils la payèrent jusqu'en 1848, époque à laquelle le gouverneur de Macao, Amaral, fit supprimer cette taxe; il fut assassiné quelques jours après par les Chinois.

Après les Portugais, viennent les Hollandais. Les Hollandais sont arrivés en Chine en 1622, avec l'amiral Cornelis Reyersz, c'est-à-dire trois ans après la fondation de Batavia, à la place du fort de Jacatra; ces Hollandais ne se sont pas implantés en Chine comme les Portugais. Ils s'étaient établis dans le détroit de Formose, aux îles Pescadores, où est mort il y a quelques années le regretté amiral Courbet. Des îles Pescadores, ils allèrent s'installer en face, dans l'île de Formose.

C'était en 1625; une trentaine d'années plus tard (1661), les Hollandais furent chassés de Formose par le pirate chinois Koxinga. Leur influence cessa complètement dans le pays; il ne leur restait dans l'Extrême-Orient que le petit îlot artificiel de Desima, dans la baie de Nagasaki, au Japon. Les Espagnols ont fait un séjour encore moins long en Chine.

Il faut remonter maintenant vers le Nord pour retrouver une route; la marche russe au-delà de l'Oural à commencé de très bonne heure; il était tout naturel que la route du Cap de Bonne-Espérance étant fermée par les Portugais, on en recherchât une autre pour se rendre à ce pays lointain dont avait parlé Marco-Polo, au xiiⁱᵉ siècle, le pays de Cathay.

Lorsque Christophe Colomb débarqua dans une des îles de la côte d'Amérique, il était convaincu qu'il débarquait au Japon (Zipangou) et se dirigeait vers le Cathay, et il croyait qu'il allait pouvoir trouver un passage allant vers le Nord-Ouest. Le passage du Nord-Est, qui n'a été franchi que de nos jours par Nordenskiold, a été auparavant l'objet de recherches faites dans ces parages qui ont amené une quantité de découvertes.

Les navigateurs anglais, avec Chancellor, se sont dirigés vers la Mer Blanche et ils sont entrés les premiers dans ces terres où un peu plus tard fut bâtie Arkhangel. Mais au milieu du xviᵉ siècle la route leur fut barrée par les Russes. Le grand duc de Moscou, Ivan IV, qui avait réuni sous son sceptre les royaumes tartares d'Astrakan et de Kazan, avait trouvé sa marche arrêtée vers l'Ouest, par Etienne Bathory, et cette circonstance le forçait à chercher à s'agrandir vers l'Est. Dans ce but il concéda à une famille cosaque, les Strogonov, en 1558, le privilège des chasses et de l'exploitation des mines sur les deux versants de l'Oural et même dans les royaumes au delà de l'Oural. Quelques temps après les Russes, sous la direction de Iermak Timoféevitch, conquirent les royaumes de la Sibérie occidentale, mais leur chef se noya, en 1584, dans l'Irtich. Tobolsk fut fondé en 1587. De là, les Russes traversèrent la Sibérie de fleuve en fleuve jusqu'à la Léna, descendirent ensuite vers le Sud et leurs explorations les conduisirent pour la première fois dans le voisinage du fleuve Amour, en 1636. A partir de ce moment le développement russe fut assez rapide dans le bassin de ce fleuve. Ils créèrent en particulier la ville d'Albasine, qui se trouvait sur la rive gauche du fleuve, mais cette ville fut attaquée par les Chinois, en 1685 et 1686, et fut complètement détruite. 27 Russes qui s'y trouvaient furent transportés à Péking. Parmi eux il y avait un pope, leur servant d'aumônier, qui enseigna sa langue aux Chinois. Le russe est donc la première langue européenne (le latin excepté), qui ait été enseignée à Péking. Les Chinois signèrent, en 1689, avec les Russes, un traité à Nertschinsk, qui fermait complètement à la Russie la navigation du fleuve Amour. Ils ne purent reprendre cette route que de nos jours, avec Mouraviev Amoursky.

Je reviens maintenant à l'autre route : aux Portugais, aux Hollandais, aux Espagnols, vont succéder les Anglais. Les relations anglaises avec la Chine datent du règne de la grande Elisabeth. En effet, on a une lettre de la reine, datée de 1596, adressée à l'empereur de Chine, par laquelle elle lui demandait son appui en faveur d'une grande expédition, faite aux frais de sir Robert Dudley, composée de 3 navires, commandée par le capitaine Wood. On pensait que cette mission, avec une lettre de la reine, pourrait arriver jusqu'au Fils du Ciel, mais non seulement la lettre ne parvint pas, mais les navires périrent ou n'arrivèrent pas en Chine.

C'est seulement à partir du XVIIe siècle que les Anglais commencèrent à avoir de sérieux intérêts en Chine ; toutefois il n'arrivèrent à Canton qu'en 1634, avec le capitaine Weddell. Comme souvent, nous autres, Français, arrivons bons derniers. Notre première tentative de commerce avec la Chine fut tentée par une Compagnie créée le 25 avril 1660, et il peut être intéressant de dire à Rouen que le principal actionnaire et le principal directeur fut un bourgeois de cette ville, Farjenel. Dans la liste des actionnaires, en tête se trouvait Mazarin. Farjenel s'inscrivit pour une somme de 40 000 livres, somme considérable qui dépassait de beaucoup le chiffre des autres actionnaires. Cette Société dura peu de temps et disparut en 1664, époque à laquelle fut fondée la grande Compagnie des Indes, désignée sous le nom de Compagnie de Colbert. En 1697, une portion des privilèges de cette Compagnie fut cédée à une Société Jourdan, pour exploiter le commerce de la Chine, qui fut assez prospère jusqu'au commencement du xviii⁰ siècle, mais les guerres de la succession d'Espagne arrêtèrent son succès et le commerce ne reprit qu'en 1713.

Enfin fut créée, en 1719, la grande Compagnie des Indes Orientales, qui engloba les privilèges des petites Compagnies et qui dura, comme vous le savez, la plus grande partie du xviii⁰ siècle. A cette époque le commerce étranger était restreint à Canton, dans le sud de la Chine. Les étrangers n'avaient en aucune façon le droit de faire du commerce dans les autres ports; ils apportaient à Canton leurs marchandises, en prenaient d'autres et repartaient immédiatement; ils ne pouvaient faire de séjour qu'à Macao, colonie portugaise.

Pendant la durée des opérations commerciales, seuls, les subrécargues devaient venir. Les étrangers n'avaient pas même le droit d'amener leur famille à Canton. Ceci dura jusqu'en 1828. Non seulement les étrangers ne devaient pas débarquer dans un autre port, mais encore ils ne pouvaient commercer qu'avec certains marchands privilégiés. Il y avait à Canton comme dans les autres ports un fonctionnaire qui était spécialement chargé du commerce maritime, le *Haï-Kouan*, que les étrangers désignaient sous le nom de *Hoppo*, pour *Hou Pou*, Ministère des Finances. En outre on avait désigné, en 1702, un négociant de « l'Empereur » qui devait centraliser le commerce entier des étrangers. Par suite il se trouva que ce commerce prit un tel développement qu'on fut obligé d'augmenter le nombre des marchands de « l'Empereur »; ils étaient désignés sous le nom de marchands *hannistes* et leur réunion formait le *Co-hang*.

Ces marchands avaient seuls le droit de faire le commerce avec les étrangers, et ce privilège ils le payaient fort cher aux mandarins. Parfois ils étaient obligés d'emprunter de l'argent à ces mêmes étrangers, quand ils se trouvaient criblés de dettes, par suite des demandes excessives des mandarins. Les étrangers à leur tour cherchaient à obtenir quelques avantages pour tâcher de rentrer dans leurs fonds. La position était donc extrêmement difficile. La Compagnie des Indes françaises étant supprimée, on constitua, en 1776, un consulat qui n'a duré que jusqu'à la fin du xviii° siècle. Il n'y en eut pas pendant l'Empire; il ne restait plus que nos missions en Chine.

Les missions de Chine remontent au moyen âge. Comme je vous le disais tout à l'heure, elles furent détruites au xiv° siècle et ne reparurent d'une façon florissante qu'au xvi° siècle, à la suite des prédications de saint François-Xavier, mort dans l'île de Sancian, en 1552, et du jésuite Matteo Ricci, le véritable fondateur des missions de Chine et en particulier de la mission de Péking, où il mourut en 1610.

Les premiers missionnaires jésuites étaient presque tous Portugais, Italiens, Flamands ou Allemands. Il y avait très peu de Français. Les principaux jésuites de cette période furent le père Schall von Bell, de Cologne et le père Ferdinand Verbiest, de Pitthem, près Courtrai. Sauf quelques jésuites, les autres religieux étaient étrangers; la France n'avait donc qu'une influence très limitée, en Chine, dans cette première partie du xvii° siècle, notre influence s'exerçait en Perse par les capucins français, et nous rappellerons les noms des pères Pacifique, de Provins, et Raphaël, du Mans.

Les voyages du père Alexandre de Rhodes, d'Avignon, en vue d'établir un Collège pour le recrutement des missionnaires, amenèrent la création, rue du Bac, du Séminaire des Missions étrangères, sur un terrain donné par Dom Bernard de Sainte-Thérèse, évêque de Babylone, carme déchaussé. De ce Séminaire sont sortis 3 évêques : François Pallu, évêque d'Héliopolis; La Motte-Lambert, évêque de Béryte; Ignace Cotolendi, évêque de Metellopolis (mort à Masulipatam), qui devaient évangéliser les populations de la Chine et de l'Indo-Chine.

Cependant une grande difficulté se présenta à propos des rites, c'est-à-dire au sujet du culte que l'on rendait à Confucius et aux ancêtres. Les Jésuites, les Missions étrangères de Paris et les autres congrégations ne s'entendirent pas et la question à régler amena des voyages constants entre la Chine et Rome, et des discussions interminables qui furent arrêtées par la bulle *Exquo singulari*, du pape Benoît XIV, en 1742.

Ce fut pendant un voyage du père Philippe Couplet, en Europe, que le père de La Chaise obtint de Louis XIV qu'on envoyât des jésuites français à Péking (1685) : Fontaney, Le Comte, Bouvet, Gerbillon et Visdelou. Ce fut la grande mission créée par Louis XIV, et qui dura jusqu'à la suppression de la Compagnie, à la fin du xviii° siècle. Cette mission est certainement un des principaux fleurons de la gloire française dans l'Extrême-

Orient. Les Jésuites furent remplacés par les Lazaristes après la suppression de la Compagnie par Clément XIV.

La France ne reprit ses intérêts dans l'Extrême-Orient que sous la Restauration : le duc de Richelieu établit un consulat de France à Hué, avec un survivant de l'époque de l'évêque d'Adran, Jean-Baptiste Chaigneau ; en 1829, un autre consulat fut créé à Canton. Les grosses difficultés allaient venir de la part des Anglais, à cause du commerce de l'opium qui fut la cause de la première guerre avec la Chine.

Je n'entrerai pas dans les détails de cette affaire. Il me suffira de rappeler que plus de 20 000 caisses d'opium furent détruites à Canton, par ordre du commissaire impérial Lin. La guerre fut déclarée et se termina par la défaite des Chinois et la signature du traité de Nanking, entre l'Angleterre et la Chine, en 1842.

Ce traité de Nanking est le point de départ des relations commerciales entre l'Europe moderne et la Chine, car les Anglais avaient exigé l'ouverture au commerce étranger de quatre autres ports en dehors de Canton, qui étaient : Fou-Tchéou, Ning-Po, Shanghaï et Amoy, au sud du Fleuve Bleu.

En même temps tous les privilèges dont jouissaient les mandarins et les négociants chinois étaient abolis de même que pour les marchands *hannistes*, de Canton. C'était donc une véritable révolution qui venait d'avoir lieu ; naturellement les autres puissances s'empressèrent de suivre l'exemple donné. Les Américains signèrent un traité avec Caleb Cushing. La France envoya M. Théodose de Lagrené, qui signa un traité en 1844, auquel on ajouta une clause relative à la liberté de la religion chrétienne.

Les avantages obtenus par le traité de Nanking n'ayant pas été jugés suffisants et les engagements pris n'étant pas tenus par les Chinois, les prétextes ne manquèrent pas pour recommencer une nouvelle guerre. D'une part un prêtre français, l'abbé Chapdelaine, fut cruellement mis à mort au Kouang-Si, en 1856, et d'autre part, un navire sous pavillon anglais, l'*Arrow*, fut saisi dans la rivière de Canton, par les Chinois. L'Angleterre et la France étaient unies par une étroite communauté d'intérêts, à ce moment. C'était au lendemain de la guerre de Crimée, et une action des deux pays fut décidée. Ce fut l'origine de la campagne de 1858, qui se termina par le traité de Tien-Tsin.

Ce traité de Tien-Tsin nous accordait de nouveaux avantages et l'ouverture de nouveaux ports : Niéou-Tchouang, Tché-Fou, Taï-Wan, Swatow et Kioung-Tchéou (Haï-Nan).

Malheureusement, l'année suivante, lorsque les plénipotentiaires anglais et français voulurent remonter à Péking pour faire ratifier le traité, ils furent reçus à coups de canon, à Takou, ce qui détermina une nouvelle guerre, celle de 1860, qui ressemble à certains points de vue à la campagne actuelle; c'est pourquoi je ne m'y appesantirai pas. Je vous rappellerai seulement que les alliés, après la prise des forts de Takou, marchèrent sur Tien-Tsin, dont ils s'emparèrent, puis ils remontèrent jusqu'à Toung-Tchéou, qui se trouve à quatre lieues de Péking. Là, un guet-apens organisé par les Chinois fut la cause de l'arrestation de dix-huit Anglais et Français, dont quelques-uns furent mis à mort cruellement. Péking fut obligé de se rendre après la bataille de Palikao et une convention fut signée les 24 et 25 octobre.

C'était la fin de cette guerre, c'était la confirmation du traité de Tien-Tsin. Un point nouveau fut acquis, ce fut le droit d'établir des Légations à Péking, capitale de l'Empire.

Il faut avouer que ce fut une des très grandes difficultés de la convention de Péking. L'empereur ne voulait pas entendre parler de cette entrée des étrangers dans sa capitale. Il avait fui dans le Nord, et ce ne fut pas lui qui conduisit les négociations; ce fut son frère, le prince Kong, que nous avons trouvé, en 1860, en entrant dans Péking. C'était la même situation que celle des Alliés actuels lorsqu'ils entrèrent dans cette ville. En 1860, on trouvait un prince qui, quoique frère de l'empereur, était disposé à traiter. Cela facilitait singulièrement les choses.

L'empereur qui régnait alors était l'empereur Hien-Foung, qui mourut en 1861, et eut pour héritier son fils Toung-Tché, qui était en bas-âge, et une régence fut établie. Cette Régence comprenait deux femmes : l'impératrice douairière, veuve de l'empereur défunt et la mère du nouvel empereur, qui était une concubine de l'empereur; cette dernière, Tsé-Hi, est l'impératrice-mère de Chine, contre laquelle nous avons à lutter. C'était une femme extrêmement habile et autoritaire qui dirigea les affaires d'une façon remarquable, avec le concours du prince Kong; de grandes difficultés surgirent, lorsque les autres puissances étrangères voulurent obtenir des traités avec la Chine. Seules, la France, l'Angleterre, la Russie, les États-Unis, avaient obtenu le droit d'établir des légations à Péking, en 1860. Quant à la Prusse, elle dût attendre cinq ans; les autres puissances vinrent les unes après les autres et, en 1870, toutes les légations étaient établies à Péking.

C'est en 1870 que se passa un événement terrible pour nous. Le 21 juin 1870, le Consul de France, son chancelier, un prêtre lazariste, le premier interprète de notre légation et sa femme, un négociant français et sa femme, trois russes et dix sœurs de la Charité furent abominablement assassinés.

Il est très possible que si l'on avait connu ces massacres en Europe, plus tôt, les tristes événements que l'on sait ne se seraient pas passés, mais le télégraphe n'allait que jusqu'à Singapore, et de Singapore à Péking la route était longue; elle ne se faisait qu'en bateau à vapeur. Nous fûmes donc obligés de nous contenter des médiocres excuses apportées par l'ambassadeur chinois, Tch'oung-Heou. Ce haut fonctionnaire du gouvernement chinois, courut de Marseille à Bordeaux, de Bordeaux à Tours, à la recherche d'un gouvernement, assista de la terrasse de Saint-Germain à l'incendie de Paris, pendant la Commune, et enfin fut reçu par M. Thiers, à Versailles. Enfin, en 1875, les Chinois avaient assassiné Margary, interprète d'une mission anglaise, sur la frontière de Birmanie, mission organisée par le gouvernement indien. Les Anglais avaient donc à réclamer une réparation éclatante, et ils n'y faillirent pas. A la suite de ces événements, un traité fut signé à Tché-Fou (1876) qui, entre autres réparations, portait que les Chinois devaient installer des légations en Europe. Le Fils du Ciel envoya donc des ministres plénipotentiaires à Paris, à Londres, à Rome et dans les principales villes du monde.

L'empereur T'oung-Tché était mort tout jeune, en janvier 1875, et un de ses cousins monta sur le trône sous le nom de Kouang-Siu. Une nouvelle régence fut établie; cette fois encore la même impératrice, Ts'é-Hi, resta régente, et, c'est par un véritable tour de passe-passe qu'elle obtint le pouvoir.

L'empereur T'oung-Tché n'avait pas d'enfants, mais il avait une grande quantité d'oncles. Il en avait 8, dont 5 vivants, ayant des enfants. Régulièrement, on aurait dû prendre le fils du prince Toun, cinquième de ses oncles; on prit le fils du septième parce que sa mère était la sœur de l'impératrice douairière; ce choix fut en grande partie la cause des événements actuels.

Le gouvernement chinois se trouvait donc, en 1875, dans la même position qu'en 1861, à la mort de l'empereur Hien-Foung, avec un souverain mineur. Lorsque l'empereur devint majeur et qu'il eut reçu les ministres étrangers, il s'entoura d'un certain nombre de conseillers chinois, qui avaient voyagé. La plupart d'entre eux, qui voyaient très bien les dangers que courait l'empire, qui avait perdu son prestige dans la guerre avec le Japon, l'incitèrent à faire des réformes.

Ce fut le 10 juin 1898 que l'empereur Kouang-Siu lança son premier édit. Ses réformes s'étendaient sur presque tous les rouages de l'Administration et jusqu'aux chemins de fer à construire. De nombreux édits prescrivant ces réformes furent lancés par l'empereur, mais la Chine, il faut bien le dire, n'est pas le Japon et on n'y fait pas des révolutions aussi rapides que celles de l'empire du Soleil-Levant. Cependant l'empereur aurait peut-être pu réussir s'il n'avait pas lancé un édit condamnant à mort le principal lieutenant de l'impératrice douairière.

Dès que l'impératrice fut avisée de cet édit, le 20 septembre 1898, elle s'empara de l'empereur, l'enferma dans une île d'un des lacs du palais impérial et prit le pouvoir en mains.

C'est de cette époque que datent les grandes difficultés avec la Chine, mais enfin cette soif du pouvoir de l'impératrice ne devait cependant pas tout d'abord la rendre particulièrement l'ennemie des étrangers. Ces étrangers devaient à leur tour lui causer de graves soucis. Après la guerre avec le Japon, la Russie, la France et l'Allemagne étaient intervenues en faveur de l'empire chinois et nous pouvons dire que, pendant les années 1896 et 1897, la Chine a suivi une politique absolument russo-française.

Malheureusement arrivèrent les demandes des puissances. La Russie s'emparait des deux ports de Port-Arthur et de Ta-Lien-Wan, pendant que les Anglais occupaient Weï-Haï-Weï et que les Japonais conservaient Formose. Nous autres Français nous nous emparions d'un petit point du côté de Canton, Kouang-Tcheou-Wan ; mais ce qui mit le comble à la colère des Chinois ce fut la prise de possession par les Allemands du territoire de Kiao-Tcheou, dans le Chan-Toung.

La prise de ce territoire causait aux Chinois un très grand dommage moral et matériel : elle plaçait les Allemands à proximité du tombeau de Confucius, le Sage, fondateur de toute la morale chinoise, et les rapprochait de la capitale.

Dès ce moment l'impératrice se tourne vers les révoltés qui se trouvaient dans cette province. Nous avons appris que ces révoltés, qu'on appelle « Boxeurs », avaient commencé leurs exploits dans le Chan-Toung, passant dans le Tché-Li, y assassinant les étrangers habitant la province et surtout les missionnaires. De là ils se dirigèrent vers Péking en remontant jusqu'à Tien-Tsin d'où ils se répandirent dans toute la campagne.

A cette époque précisément, la dernière puissance venue en Chine, l'Italie, cherchait à occuper un territoire dans le Tché-Kiang, la baie de San-Men, ce fut la goutte d'eau qui fit déborder le vase. Dès lors, l'impératrice fit appel à ces Boxeurs et des placards incendiaires furent affichés dans toutes les villes et même jusqu'à Péking, où on les voyait sur les murs, et il fallait être aveugle pour ne s'être pas aperçu du mouvement qui a éclaté le 20 mai. Il est regrettable qu'on n'ait tenu aucun compte des avertissements de nos missionnaires qui avaient signalé les intentions des Boxeurs, dès le mois de décembre précédent, mais on ne se rendit pas compte de la gravité du mouvement et on n'y prêta aucune attention.

Les étrangers se trouvèrent donc complètement bloqués, malgré une petite garde qui était enfermée avec eux dans les légations; s'ils ont pu échapper au massacre c'est à cause de la configuration même du quartier qu'ils habitaient. Péking est une ville relativement moderne, elle a été construite au xiiie siècle, par les Mongols, près de l'emplacement de l'ancienne capitale chinoise Yen-King; Nanking a été pendant très longtemps capitale de la Chine, mais Péking, depuis le commencement du xve siècle, sous les Ming, est la capitale. Péking n'est pas un nom de ville, mais signifie simplement Cour-du-Nord, par opposition à Nanking, qui veut dire Cour-du-Sud, et resta jusqu'au commencement du xve siècle la résidence d'été des empereurs chinois. Péking s'appelle Chun-T'ien-Fou.

Dès le xve siècle les Mandchous s'avançaient et menaçaient déjà la Chine, et l'empereur chinois fut obligé de transférer sa capitale dans le nord de l'empire pour tenir tête à cette invasion. Péking fut également la capitale, en 1644, de la dynastie mandchoue actuelle. C'est une ville composée de deux villes : au Nord, la ville tartare qui est la ville officielle, où il n'y a pas de commerce et où résident les fonctionnaires, dans laquelle se trouvent les légations. Elle est entourée de hautes murailles et forme un quadrilatère de 24 kilomètres sur les quatre côtés. Les murs sont très hauts. Ils ont de 12 à 13 mètres de hauteur sur 20 mètres d'épaisseur.

Au sud de la ville tartare se trouve la ville chinoise entourée de murs qui ont été construits beaucoup plus tard que les autres, c'est là que se trouve le centre du commerce et de l'industrie. A l'extrémité sud de cette ville se trouvent les deux grands temples du Ciel et de l'Agriculture.

Dans l'intérieur même de la ville tartare est bâtie une autre ville qui est la ville impériale. C'est la ville dans laquelle se trouvent les différents ministères, notre ancienne cathédrale catholique. Il y a une troisième ville qui est la ville prohibée dans laquelle réside l'empereur et qui renferme une série de palais plus ou moins riches.

Les légations sont situées dans la ville tartare, au sud de la ville impériale; elles se trouvent toutes réunies dans trois rues dont deux perpendiculaires à la troisième. Cette dernière, qui est parallèle au mur du Sud, est la rue des Légations dans laquelle s'élèvent les résidences des Ministres de Hollande, d'Allemagne, de Russie, des Etats-Unis, du Japon et de France. La légation de France occupe l'angle d'une rue qui se nomme rue de la Douane, parce que les bureaux de la douane s'y trouvent.

Une autre rue qui descend perpendiculairement, est la rue du Canal, ainsi appelée parce qu'un canal passe devant la légation d'Angleterre. Presque toute la partie qui se trouve du côté des légations d'Angleterre, d'Allemagne et de Russie a été épargnée; elle n'a rien eu, mais la moitié de la légation de France a été complètement détruite; quant aux légations de Belgique, de Hollande, d'Italie et la Douane, il n'en reste plus rien.

Je n'entrerai pas dans le récit de cette lutte qui a duré jusqu'au 13 août. Vous en avez lu les détails dans les journaux. Je rappellerai seulement la conduite remarquable des jeunes gens qui ont contribué à la défense de la légation de France. Plusieurs d'entre eux ont été mes élèves et le professeur est heureux de pouvoir dire qu'au nombre des défenseurs de Péking, il y avait huit ou neuf de ces jeunes gens dont l'un, Gruintgens, a payé sa bravoure de la vie.

Dès que l'on sut que les légations étaient assiégées, l'armée alliée se porta au secours de Péking, mais la marche en avant de l'amiral Seymour, comme vous le savez, ne s'effectua pas sans encombre; elle retourna à Tien-Tsin sans être parvenue à Péking. Enfin les secours arrivèrent. Qu'allait faire la cour? Déjà l'impératrice et l'empereur avaient fui, le jour même de l'arrivée des troupes alliées dans Péking; il est très certain que si au lieu de s'attarder dans la ville, on avait lancé à leur poursuite un escadron, on les eût arrêtés immédiatement car ils étaient fort mal équipés et avaient dû s'arrêter dans une mauvaise auberge. Puis ils avancèrent vers la grande route de l'Ouest, passèrent par la capitale du Chan-Si et arrivèrent à Si-Ngan-Fou, qui est une grande ville historique de la Chine et a été la capitale de l'empire à plusieurs reprises. C'est dans cette ville que l'on peut trouver le plus ancien témoignage de l'histoire du christianisme en Chine, la célèbre inscription nestorienne découverte en 1625.

La cour s'installa donc à Si-Ngan-Fou, mais simplement à titre provisoire, car il était bien certain que du jour où les alliés se mettraient en marche, la cour se dirigerait vers une autre capitale. C'est donc une véritable partie de cache-cache qui aura lieu entre elle et les étrangers. Il fallait donc, à mon avis, dès l'arrivée des alliés à Péking qu'on lui substituât tout simplement une autre dynastie, un autre empereur qui fut chinois. La chose eut été facile car la dynastie actuelle est une dynastie étrangère, originaire de la Mandchourie et qui ne règne que depuis 1644. Or il existe encore un certain nombre de descendants appartenant aux vieilles familles chinoises qui régnaient autrefois avant la dynastie mandchoue et il eût été facile de réinstaller sur le trône un autre empereur.

Nous serons donc obligés d'attendre plusieurs mois encore, j'en suis convaincu, le règlement de cette affaire pour l'exposé de laquelle j'ai abusé beaucoup de vos moments, mais il faut bien penser que cette question chinoise est très délicate en ce sens qu'elle représente l'effort du dernier grand peuple qui lutte pour sa civilisation séculaire en haine des étrangers. Il faut avoir étudié le système de morale de Confucius pour savoir qu'on ne la remplace pas par les doctrines européennes. Les Chinois n'acceptent de nous uniquement que ce qui leur est imposé par la force. C'est par la force seule que nous nous maintiendrons, à coups de canon, et non pas par l'échange de notes diplomatiques dans la rédaction desquelles les Chinois sont nos maîtres et nous dépassent de beaucoup. En terminant, on peut dire que cette question sera plus délicate que la question d'Orient. Nous n'en voyons pas la fin tellement elle paraît lointaine. Si j'avais eu plus de temps j'aurais développé mon sujet et montré la situation respective des puissances étrangères, mais les minutes sont comptées et je ne puis en dire davantage aujourd'hui.

Remerciements au Conférencier :

Avant de faire défiler sous vos yeux les instructives projections que M. Henri Cordier a bien voulu apporter avec lui, permettez-moi, Mesdames et Messieurs, de le féliciter de la très belle conférence qu'il vient de nous faire. Par la précision des souvenirs historiques qu'il a évoqués, par l'enchaînement qu'il a su leur donner, nous avons pu nous rendre compte de l'origine des tristes événements qui viennent de se passer en Chine ; nous savons maintenant comment le feu a été allumé.

Aussi suis-je sûr d'être votre interprète à tous, Mesdames, Messieurs, en le remerciant vivement d'avoir bien voulu accepter l'invitation de la Société normande de Géographie.

Qu'il me soit permis d'ajouter encore un mot.

Vous savez tous, Messieurs et chers Collègues, quelle amabilité la Société de Géographie de Paris témoigne à sa sœur cadette de Rouen. Puisque nous avons la bonne fortune de posséder, ce soir, parmi nous, en la personne de M. Henri Cordier, l'aimable vice-président de cette grande Société, qu'il me laisse lui dire que je le prie d'être l'interprète du Président de la Société normande de Géographie, près de M. Grandidier, le savant président de la Société de Géographie de Paris, pour lui présenter les assurances de nos sentiments bien reconnaissants et de solide confraternité.

De superbes et très intéressantes projections ont ensuite défilé devant les yeux des auditeurs de M. Cordier, après quoi la séance a été levée.

www.ingramcontent.com/pod-product-compliance
Lightning Source LLC
Chambersburg PA
CBHW051303050726
47595CB00008B/3386